［超訳］論語　自分を磨く200の言葉

岬　龍一郎　編訳

PHP文庫

○本表紙図柄＝ロゼッタ・ストーン（大英博物館蔵）
○本表紙デザイン＋紋章＝上田晃郷

本書を読むにあたって

■『論語』は日本人の背骨

世の中が乱れて住みにくくなると『論語』がもてはやされるという。現にいま、百年に一度という世界的大不況、常軌を逸《いっ》した道徳観の喪失、ましてや未来までもが真っ暗闇の世の中とあってか、本屋に行けば『論語』の本がずらりと並んでいる。

かくいう私も少し前に『［現代語抄訳］論語』（ＰＨＰ研究所）を出版したばかりだ。サブタイトルは「欲望に振り回されない生き方」。そして、キャッチコピーにはこう書き記《しる》した。

「日本人の傍《かたわ》らにはいつの時代にも、この書があった。不朽の名著をわかりやすく現代語訳」

要するに、『論語』は戦前の教育を受けた人にとっては必読の書であり、戦後においても教養人といわれる人たちの家庭には必ず一冊はあったものである。なぜか。それはこの『論語』が日本人の道徳観の基本であり、自らの道徳実践の〝ものさし〟であったからだ。いうなれば『論語』は日本人の背骨を作ってきた書物だったのである。

ところが、『論語』というと〝儒教の聖典〟と呼ばれ、政治家や経営者たちが座右の書としているためか、自分たちには関係ないと思っている人が実に多い。それゆえか、じっくりと読んだ人は少ないようだ。

だが、本書を読めばわかるように断じてそのようなことはない。なぜなら、この本は複雑な人間関係の中で、人として何を守るべきなのか、その心構えと実践を説いた本なのである。別言するなら、「人格を鍛える本」といっても過言ではない。

もともと人間は一人では生きられない社会的動物である。その人間関係の中でもっとも大切なことは「相手を思いやる心」ということである。これを儒教では「仁《じん》」(人間愛)と称し、最高の徳に置いている。

はたして、この「仁」はエリートだけに必要とされるものなのだろうか。いや、そうではないだろう。誰もが一人前の社会人であろうとするならば、常識として備えておかねばならない「人の道」なのである。

■なぜ『論語』は難しいといわれるのか

ところが、どうも、『論語』は道徳規範の書としてのイメージがあるためか、多くの人にとっては「食わず嫌い」の傾向がある。一度味わえばこれほど栄養分の多い本はないのだが、なかなか開いてもらえない。

そこで今回、新しく現代語訳するにおいて、なぜなのかとその理由を考えた。要するに、『論語』を子供のころから親しんだ戦前の人々や教養ある人には、通常の「読み下し文」で意味は充分通じるのだが、戦後教育を受けた者にとっては漢文に対する親しみがないので、その意味すらわからないという人が増えているからだろう。

たとえばこうだ。

「剛毅木訥《ごうきぼくとつ》、仁に近し」

「過《あやま》ちて改めざる是を過ちという」

「知者は惑わず、仁者は憂《うれ》えず、勇者は懼《おそ》れず」

「君子は和して同せず、小人は同して和せず」

確かに、これでは若い人にはチンプンカンプンだろう。つまり、これまでの訳者たちが聖典とのイメージを大切にしすぎたために、内容のわかりやすさよりも格調ある文章を優先させたためではないのか。

私自身の前訳書では、その点を考慮して、かなり平易な現代語訳で述べたつもりであったが、それでも私の主宰する「岬塾」(平均年齢四十歳)の青年たちからは、「まだ、難しくて読めない」との批判を受けた。

そこで今回、いくら聖典の書といっても、中身を理解してもらわないかぎり〝絵に描いた餅〟に等しいので、格調よりも『論語』の内容に重点を置き、現代語訳をさらにやさしくて日常的な口語訳で試みてみた。

たとえば先の「剛毅木訥、仁に近し」の文章では、「飾りっ気がなくて無口な人は、意外と人間愛にあふれている人だ」といったふうに訳してある。これでは『論語』の格調がなくなると、頭の固い権威主義者からはお叱りを受けるだろうが、これも若い人に背骨を入れて欲しいとの老婆心から出たものだと了解していただきたい。

■『論語』の成立と日本人への影響

ところで、『論語』とはどのようなものなのか。一言でいえば、約二千五百年前の中国で誕生した孔子とその弟子たちによる「言行録」である。孔子の死後、孫弟子たちが中心となって、孔子の言行を忘れないようにと記録し、紀元前一世紀ごろに統合整理されて今日の『論語』二十篇になったとされている。

わが国へは応神天皇のころ（五世紀前後）に、百済《くだら》の王仁《わに》が献上したと『日本書紀』は伝えている。事実、聖徳太子の十七条憲法の第一条「和をもって貴しとなす」の句は、『論語』学而《がくじ》篇の「有曰く、礼の用は和をもって貴しとなす」を基にしているのである。

それ以後、読書階層でずっと読み継がれ、江戸時代に儒学を大成した「朱子学」を幕府が官学としたことから武士の必読書となった。日本儒学の祖といわれる伊藤仁斎《いとうじんさい》などは、『論語』を「最上至極宇宙第一の書」とまで評している。

そして明治になると、和魂洋才の流れの中で、西洋をモデルにした大日本帝国憲法が発布されるが、その翌年には和魂を重視する「教育勅語」が公布されたことによって、戦前までの日本人の道徳教育の支柱となっていたのである。

だがそれは、天皇制を中心とする政治体制に利用されたとのことから、戦後になって評価が一変し、封建的な精神論の書物として放棄され、戦後世代にとっては忘れられた遺物となってしまっていたのだ。

ところが、日本が高度経済成長を遂げる中で、世界中から「エコノミック・アニマル」と守銭奴《しゅせんど》のごとく見られるに至り、日本人が元来備えていたはずの美しい躾《しつけ》や礼節が忘れ去られていることを思い知ってか、いま一度人間としての原理原則や美徳を問い直そうという空気がかすかながら生まれてきた。

そして今日、物質主義と合理的精神の行き過ぎの結果、人々の心から情緒や道徳心が失われ、常軌を逸した無規範で残忍な事件が起こるにしたがって、良識ある人々の中から人間としての美しき生き方とは何か、とその原理原則を知るために、道徳の原点である『論語』の読み直しが始まったのではないかと私は思っている。

■孔子という人物

では、『論語』の主人公である孔子とは、どのような人であったのか。簡単に触れておこう。

孔子は紀元前五五一年（一説には前五五二年）、周王朝晩年の魯《ろ》という国で生まれた。名前を丘《きゅう》、字《あざな》は仲尼《ちゅうじ》。祖先は宋の重臣であったという。父親が早くに亡くなったために母親の手一つで育てられ、貧しい幼年時代を過ごした。二十歳のころ、魯の委吏《きし》という倉庫係の役人として仕えた。

当時の中国では、「王」の称号を持つのは周だけで、魯などの諸侯は「公」という称号と領土を周王からもらっていた。だが、周王が力を持っていたのは紀元前八世紀の初めごろまでで、それ以後の春秋時代は下剋上《げこくじよう》の世の中となり、魯でも桓公《かんこう》の子孫である孟孫《もうそん》氏、淑孫《しゆくそん》氏、季孫《きそん》氏の三桓氏が力を持つようになっていた。

孔子は下級役人として長い下積み生活を余儀なくされるが、古典に詳しく、「礼」を知る者として少しずつ認められ、門弟も集まり始めた。やがて五十二歳のとき、どうにか大司寇《だいしこう》（司法長官）となった。この期間が役人としての絶頂期である。乱れた世を直すために、三桓氏の勢力を抑えようとのクーデターに加担したが失敗。やむなく亡命するはめになり、五十六歳から諸国放浪の旅が始まる。

この間十三年。八カ国を「徳」を説いて歩いたが、いずれも仕官するには及ばず、六十九歳のとき再び故郷に戻った。そしてそこで〝孔子学園〟を開き、七十四歳で他界するまで門弟たちを教授し古典にいそしんだのである。

この間、魯の国の歴史を綴《つづ》った『春秋』をまとめ、『詩経』を編纂し、昔の君主や大臣の言葉から名言を選んで『書経』をまとめている。そして、この三つに『易』『礼記《らいき》』を合わせたものを「五経」といい、「四書」(『論語』『孟子』『中庸』『大学』)とともに儒教の重要な教典となっている。

現代語超訳にあたって

一　本書は講談社学術文庫『論語新釈』（宇野哲人訳注）を底本とした拙訳『［現代語抄訳］論語』（ＰＨＰ研究所）をもとに、さらにやさしく超訳したものである。

二　元来、『論語』を訳す場合は、原文、読み下し文、現代語訳文と並記すべきところだが、前述したように本書では、それらの通例を無視して、内容だけの「現代語訳」だけを述べた。

三　拙訳『［現代語抄訳］論語』では二二二項目を取り上げ、同時に解説を入れてあるが、本書ではさらに厳選して、とくに重要と思われる二〇〇項目を収録し、解説も省いた。したがって、さらに『論語』を深く知りたいと思われる人は、拙訳書をお読みになり、専門の学者たちが訳した『論語』を繙《ひもと》かれんことを期待する。

四　また各篇のタイトルは通例に従ったが、これは最初に出てくる孔子の言葉や人名から便宜的につけられたものである。たとえば第一篇は「子曰学而時習之～」と始まるので「学而篇」という。これを置くことで、少しなりとも「原著」の雰囲気を残しておきたかったからだ。

〔超訳〕論語　自分を磨く200の言葉　目次

第二章

為《い》政《せい》篇

第三章　八《はち》佾《いつ》篇

第四章　里《り》仁《じん》篇

第五章

公《こう》冶《や》長《ちょう》篇

第六章

雍《よう》也《や》篇

第七章　述《じゅつ》而《じ》篇

第八章

泰《たい》伯《はく》篇

第九章

子《し》罕《かん》篇

第十章　郷《きょう》党《とう》篇

第十一章 先《せん》進《しん》篇

第十二章

顔《がん》淵《えん》篇

一三六　友人への忠告

第十三章

子《し》路《ろ》篇

一三七　飽きずに続ける
一三八　的を射ない質問
一三九　徳のある指導者
一四〇　身分相応の暮らしぶり
一四一　富と人倫の道
一四二　目先の利益
一四三　家族の情
一四四　狂者と狷者《けんしゃ》
一四五　誰とでも仲良くなれる人
一四六　剛《ごう》毅《き》木訥《ぼくとつ》の人
一四七　訓練なくして勝利なし

第十四章

憲《けん》問《もん》篇

第十五章

衛《えい》霊《れい》公《こう》篇

第十六章　季《き》氏《し》篇

第十七章　陽《よう》貨《か》篇

第十八章　微《び》子《し》篇

第十九章　子《し》張《ちょう》篇

一九六　三変する人物
一九七　信頼がすべて
一九八　犯罪を取り締まるときに

第二十章　堯《ぎょう》日《えつ》篇

一九九　五美と四悪
二〇〇　立派な生き方

第一章

学《がく》而《じ》篇

〇〇一

人生の最上の楽しみ

孔子先生がおっしゃった。学問（人間の生き方）を学び、それを反復すれば自分のものとなり、こんなに喜ばしいことはない。また、学んでいると同学同志の友が遠方からも訪ねて来たりして、ともに語らい合い、いっそう楽しくなるではないか。

たとえ学問が成就したことを世間の人が認めてくれなかったとしても、それを嘆《なげ》くことはあるまい。その道を求めて楽しむ人を君子（立派な人）というのだから。

〇〇二

うわべだけの人

相手を喜ばそうと、言葉を巧みに使っておべんちゃらを言ったり、外見の体裁やファッションだけにこだわるような人は、本当の仁《じん》（優しさ）とはほど遠いものだ。

〇〇三

日々わが身を反省する

曾子《そうし》（孔子の高弟）がいった。自分の修行の一つとして、次の三つを毎日振り返って反省している、と。

第一は、相手に対して自分の配慮の足りなかったところはなかったか。

第二に、友達との交際で自分の言行に不誠実なところはなかったか。

第三に、先生から学んだことをそのままにしないで、復習をちゃんとしたか。

こうしたことを日々反省して立派な人物になるように努めている。

〇〇四

学問は人格形成が第一

人は、家にいるときは父母や年長者に孝行を尽くし、家から外に出たときは年輩者に敬意を払い、信用信頼をもって世間の人に親切を尽くし、困らせることなく、人徳を備えた人物になるように努力することだ。

これらのことを実行して、さらに余力があるならば、本を読んで教養をつけるとよい。

〇〇五

理論よりも行動

ある人を見ていると、師を尊敬するのにまるで美女を好むように接し、父母に仕えてはあらんかぎりの孝行を尽くし、君主に仕えては一身を捧げて忠義を尽くし、友達と交際するときは誠実をモットーとしている。

この人は自分には学問がないというが、ここまでできる人は学問が完成した人だといってよい。こうしたことができる人は、人の道をつかんでいるからであり、立派な学者以上の人といえる。

〇〇六

過《あやま》ちを犯したら

人の上に立つ者は言語動作がどっしりと落ち着いていないと威厳がなく、人を畏敬させることはできない。人に対しては忠実信頼をもって接し、決して自分より劣った者を相手にして偉ぶってはいけない。そして、もし過失があるときは体面など繕《つくろ》わないで、ただちに過ちを改めるべきだ。

〇〇七

温・良・恭・倹・譲を兼ね備えた人物

子禽《しきん》という若者が子貢《しこう》（孔子の高弟）に聞いた。「孔子先生はどこの国に行っても政治の話をされますが、これは先生がお求めになっているからでしょうか。それとも国王のほうから頼まれてのことでしょうか」。

子貢が答えていう。

「先生は、おだやかで、素直で、恭《うやうや》しく、慎ましく、控えめな徳をお持ちなので、どこへ行っても相談されるのだ。先生から求めたともいえなくはないが、他人が求めるのと少し違っている」と。

〇〇八

安請け合いはかえって信用を損なう

人が約束をするときは、実行できるかどうかを考え、道理に基《もと》づくことであれば、あとで後悔することなく、必ずその言葉を実行することができる。また人を敬う場合でも、礼節にかなっていれば、恥辱を受けることはない。だが、度を越してぺこぺこすれば、かえって相手から侮《あなど》られたりする。

〇〇九

金持ちになっても礼を忘れない人

子貢《しこう》（孔子の高弟）が尋ねた。「貧乏をすると卑屈になって人に諂《へつら》い、金持ちになると傲慢《ごうまん》になるのが人情ですが、もし貧乏をしても諂わず、金持ちになっても驕《おご》り高ぶらなければいいのでしょうか」。

孔子が答えていった。

「こういう人は貧富に心を乱されることなく自ら守るところのある者で、普通の人より優れている。だが、まだ貧乏を超越していない。道を楽しみ、金持ちになっても富を忘れ、礼節を好む者には及ばない」と、さらに上があることを説いた。

〇一〇

学問は自分を磨くため

学問は自分自身の教養を深めるためで、人に知られるためにやるわけではない。学問が進み人格が備わったことを、人が知ろうが知るまいが、そんなことはどうでもいいことだ。

それより、他人の真価を見抜けない自分の能力の低いことを憂《うれ》えるべきである。

第二章 為《い》政《せい》篇

〇二一

ぶれない中心軸

為政者が自分の徳を修《おさ》めて政治を行えば、自然と天下はそこに治まる。それは天の中心軸をなす北極星が常に一定のところに止《とど》まることによって、まわりの多くの星もそれに倣《なら》って動くようなものである。

〇一三

邪念のない心

『詩経』の詩は三百篇もある。その中ではいろんなことを歌っているが、ただ一言で包括すると、それは「心になんの邪心もない」ということだ。

〇一三

道徳をもって国民を指導する

政治を行う場合、法律や刑罰で取り締まろうとすれば、国民は法の裏をかくことばかりを考えて、恥ずかしいとは思わなくなる。逆に道徳をもって国民を指導すれば、秩序の元である礼を重んじ、不法な行為を恥ずかしいと思って、正しい道を進むようになる。

〇一四

天命を活かす

私（孔子）は十五歳のときに人格形成の学に志し、三十歳にして経済的にも精神的にも独立した。

さらに十年の修行を積んで、四十歳のときには道理もわかって、いかなる問題に出会っても惑うことはなくなった。

五十歳になると、自分はなんのために生きているのかという天命を知り、六十歳になると、人のいうことを素直に聞くと同時にただちに了解できるようになった。そして、七十歳になると、心のままに行動しても、決して人の道を踏みはずすことはなくなった。

＊十五歳を「志学《しがく》」、三十歳を「而立《じりつ》」、四十歳を「不惑《ふわく》」、五十歳を「知命《ちめい》」、六十歳を「耳順《じじゅん》」、七十歳を「従心《じゅうしん》」という言葉の語源。

〇一五

養うだけでは親孝行とはいわない

門人の子游《しゆう》が「孝とは何か」と尋ねた。

「親孝行というと、ただ父母に衣食住の不自由をさせないことだと思いがちだが、これは養っているだけで充分に孝行しているとはいえない。養うだけなら家畜にだってやっているし、父母も家畜と同じ待遇ということになる。父母に対しては、敬うという心がなければ、孝と養を区別することはできないし、そこに敬愛の心を忘れてはいけない」と孔子が答えた。

〇一六

人を見極める「視・観・察」の三段階法

人柄を知るには、まず第一にその人の外面に表れた行動の善悪をよく視《み》る。ついでその人の動機は何であるかを注意して観《み》る。そして第三に、その人の着地点はどこかを察すれば、その人の真の性質がわかる。

この三段階の方法によって人を観察すれば、その人が本物かニセ物かがわかる。

〇一七

新しいものを創造するときは

古いことを学んで習熟し、新たに覚《さと》るところがあれば、学んだところが自分のものとなって、人の師となる資格がある。

*「温故知新」（故《ふる》きを温《たず》ねて、新しきを知る）の語源となった条。

〇一八

多芸多才

立派な人物は、何ごとにも対応できる大きな器を持っている。

〇一九

まず実行せよ

子貢《しこう》（孔子の高弟）が「君子とはどのような者ですか」と聞いた。孔子が答える。「君子とは、まず行動を先に見せ、その後にものをいうものである」と。

〇二〇

世間を広くする

心のできた人は広く誰とでも交際をするが、徳を磨いていない人は自分の気に入った者だけとつき合い、世間を狭くする。

〇二一

思うことと、思い込むことは違う

教えられたことをただ学ぶだけで、さらに深く思索しなければ、単に知識を得るだけで知恵など生まれてこない。

また、学ぶことを避けて、自分勝手に思索するだけでは、独断専行となって間違いを犯すことになる。

〇二二

知らないことは知らないといえ

由《ゆう》（弟子の子路《しろ》のこと）よ、お前に「知る」ということを教えてやろう。それは、知っていることは知っているといい、知らないことは知らないということだ。これが本当の知るということである。

〇二三

給料を上げる方法

子張《しちょう》（孔子の弟子）が孔子に、役人となって給料をもらうにはどうすればいいかを聞いた。

孔子が答える。「言葉と行動を正し、よいことを聞いて疑わしいことは取り除き、間違いないと信じることだけ人に語るようにすれば、他人から咎《とが》められるようなことはない。また善行を見て、確信がないことは取り除き、道義に従えば後悔することはない。言葉と行動を正せば、人の信用が得られ、上司からも登用されるようになり、求めなくてもおのずから俸給は得られるものである」と。

〇二四

組織は上に立つ者次第

魯《ろ》の君主・哀公《あいこう》が「どうすれば国民は従うでしょうか」と孔子に聞いた。

孔子が答えた。「まっすぐな材木をそり曲がった材木の上に置けば、下の曲がった材木もまっすぐな材木に押されてまっすぐになる。同じように、心も行いも正しい人を上に置けば、国民も部下もおのずと正しくなり心服するものです。逆に心も行いも正しくない者を上に置くと、国民も部下も服さないでしょう」と。

〇二五

信用が第一である

もし人に信という徳がなければ、その人は骨のない人間のようなものだ。

人は信という徳があって初めて万事を行うことができる。

〇二六

義を見て為さざるは勇なきなり

祭るべきでないものを祭るのは、鬼神に諂《へつら》っているのと同じことで、そういうことはしてはいけない。

また、道義の上から考えて、当然しなければならないことをやらないのは、勇気がないからである。

第三章

八《はち》佾《いつ》篇

〇二七

愛のない礼は礼ではない

いかに言葉や作法が素晴らしくても、心に相手を思いやる気持ちがなければ、それは礼儀をわきまえているとはいえない。

いかに声や姿が美しくとも、相手を思いやる気持ちがなければ、それは礼とはいえない。

〇二八

先例に尋ねてこそ「礼」となる

孔子が周公《しゅうこう》（周の政治家）の廟《びょう》（先祖の霊を祭る所）に入って祭りを手伝ったとき、その礼式についていちいち人に聞いてから行われた。ある人がそれを見て、「あの人は礼を知っていると聞いていたが、何でも聞いているではないか」と誹《そし》った。

孔子はそれを聞いて「一つひとつ敬い謹《つつし》んで人に尋ねてするのが礼である」といわれた。

〇二九

世を導く木鐸《ぼくたく》

儀《ぎ》の国の封人《ほうじん》（警護隊長）が孔子に面会を求めてきた。「賢人がここを通られるときは、私はいつもお目にかかっていますので、先生にもぜひ」と。

面会を終えた隊長が門弟たちに語った。

「みなさん、故郷を離れ流浪しているからといって心配されるには及びません。天下に正しい道が行われなくなって、すでに久しいですが、天は必ず先生に木鐸を与え、世の中を正道に戻されることでしょう」と。

*木鐸とは世に警鐘を鳴らし教え導くこと。

第四章

里《り》仁《じん》篇

〇三〇

いい環境がいい人を創る

村里は都会と違って仁《じん》（優しさ）の風習に厚く、こうした土地にいれば、自然と徳が育ち、仁に厚い人間となる。もし住居を選ぶとすれば、このような風習のある村里がよい。それでこそ知者といえる。いい環境はいい人を創るものだ。

〇三二

不仁者《ふじんしゃ》と仁者と知者

不仁者（徳のない人）は、長く貧乏をしていると、それに負けて邪悪に陥《おちい》る。また長く金持ちの生活をしていると、贅沢《ぜいたく》に流され驕慢《きょうまん》となる。いずれにしてもよくない。

だが、仁者はいかなる境遇にいても仁徳を失わないので、貧乏をしていても心は安らかである。また知者は深く仁を好んでこれを得ようとするから、金持ちでいても贅沢に流されることはない。

〇三二

仁者《じんしゃ》は人の違いがわかる

仁者は最高の徳が身についているので、本当に愛すべき人を愛し、本当に憎むべき人を憎むことができるのである。

〇三三

どんなときでも仁《じん》を忘れない

高い地位や財産は誰もが欲しいものである。だが、悪いことをしてこれを得たならば、恥ずかしくてそんな地位にはいられないはずだ。

貧乏は人が嫌うものである。だが、善《よ》いことをしてそうなったときは、その境遇を甘んじて受け止めることができる。

君子が立派な人だといわれるのは、いつも仁の徳を失わないからで、忙しくて心の落ち着かないときでも、危険が差し迫っているときでも、仁の心を忘れることはないのである。

〇三四

過《あやま》ちを見ればその人がわかる

人が過ちを犯すとき、その人がどのようなたぐいの人物であるかによって、失敗の仕方が違ってくる。だから、その過ちを見れば、その人が仁者《じんしゃ》か不仁者（徳のない人）かを知ることができる。

〇三五

人の道を探求することの大切さ

朝に、人として正しく生きる道を覚《さと》ったならば、たとえ夕方に死んでもかまわない。

〇三六

太ったブタには決してなるな

男がいったん誠《まこと》の道を進もうと志した以上は、外見の衣装がみっともないとか、食事が粗末であるとか、そんなことを恥じるべきではない。要は中身である。

男なら「太った豚よりも痩せたソクラテス」をめざせ。

〇三七

義に従い道を選べ

心のできた人は、天下のことについて、絶対にこうしなければならないとか、あるいはこうしてはならないとか、最初から決めてかかることはしない。ただ義にかなっているかどうかを見定めて、それに従うだけである。

〇三八

私利私欲を貪《むさぼ》る者

立派な人は常に道徳を思い、心のできていない人は常に自分の身の安楽を思う。また、立派な人は法律の重みを考え、心のできていない人は私利私欲だけを考えている。

〇三九

怨《うら》みを受ける人

自分の利益のみを考えて行動すると、人から怨みを受けることが多い。

○四○

実力以上の肩書きを求めない

多くの人は肩書きがないことを憂《うれ》うが、心のできた人は肩書きよりも、その地位に立つにふさわしい教養や道徳のないことを心配する。

また、多くの人は他人に知られていないことを憂うが、心のできた人は他人に知られることよりも、自分が認められるような学問や道徳を身につけているかどうかを心配する。

○四一

私の生涯の道は「忠恕《ちゅうじょ》」のみ

孔子が曾子《そうし》（孔子の高弟）に語りかけた。「参《しん》（曾子の名）よ、私の道を知っているか。ただ一つの道理をもって貫いていることを」と。曾子はこれを聞いて、「承知しています」と答えた。

孔子が去ると、門人たちが曾子に尋ねた。「先生の言葉はいったいどういうことでしょう」。「先生の道は忠恕（まごころと思いやり）で貫かれているということだ」と、曾子が説明した。

〇四二

人の判別方法

立派な人は「義」（人としての正しい道）で理解し、心のできていない人は自分にとっての利益の有無で理解する。

〇四三

どんな人からも学ぶことができる

賢くて徳のある人を見ると、自分もこの人のようでありたいと思い、愚かで徳のない人を見ると、自分もこの人のようではないかと恐れる。

〇四四

親孝行は〝百行の本《もと》〟

人の子であれば両親の年齢を知っていなければならない。それは長寿を喜び、年老いたことを心配するためである。

〇四五

言行不一致は恥と知れ

昔の人が言葉を軽々しくいわないのは、言葉と行動が一致しないことを恥じるからである。うわべだけを繕《つくろ》うな。

〇四六

言動の作法

できた人というのは、言葉はゆっくりと話し、行いはきわめて敏捷《びんしょう》である。

〇四七

徳のある人は孤立することがない

徳のある人は孤立することはない。必ず共感する者が集まっている。

第五章

公《こう》冶《や》長《ちょう》篇

○四八

弁舌よりも徳行

ある人が仲弓《ちゆうきゆう》（孔子の高弟）を評して「雍《よう》（仲弓の名）は仁《じん》の徳があって優れているけれども、惜しいことに佞《ねい》（弁舌の才）にとぼしい」といった。

これを聞いて孔子は、「人が身を立て道を行うのに、どうして弁舌が必要であろう。佞者はただ口先だけで真実がないから、しばしば人から憎まれる。雍に仁の徳があるか知らないが、人が身を立て道を行うのになんで弁舌の才能が必要であろうか」と。

〇四九

自分を知る

孔子が「お前と顔回《がんかい》（孔子の一番弟子）とでは、どちらが勝《まさ》っているのか」と、子貢《しこう》（孔子の高弟）に尋ねた。

これに答えて子貢が「私は顔回には遠く及びません。顔回は一を聞いて十を知りますが、私は一を聞いて二を知るだけです」と。

それを受けて孔子が言う。「たしかに、そうだね。お前は自分の力量を知っているな。私も子貢にはかなわないからね」。

〇五〇

授業中にやるべきこと

宰予《さいよ》（通称は宰我《さいが》）が勉強の時間に昼寝をしていたので、先生（孔子）がいった。

「腐った木には彫刻はできない。腐った土は壁には塗れない。それと同じように、人間として堕落している者には教育はできない。寝ているようじゃ、私はもう怒る気にもなれないよ」と。

〇五一

できもしないことを言うな

「自分が他人からされて嫌なことは、自分もまた他人にしないようにしたいと思います」と、子貢《しこう》（孔子の高弟）が志すところを述べた。

孔子がこれに答えて、「その通りだが口先だけのお前には、まだそんなことはできることではないよ」と言った。

〇五二

「恭・敬・恵・義」の教え

孔子が子産《しさん》（鄭《てい》の国の大臣）を評して、「子産は君子の道を四つ備えている」と、次のように説明した。

一つは、自分の行動に慎重であった。

二つは、目上の人に仕えるのに常に敬意を払った。

三つは、民を養い育てるのに慈悲があった。

四つは、民を治めるのに義をもって正しくした。

〇五三

愚直なまでの忠誠心

甯武士《ねいぶし》は、国が安定しているときには知者となり、国が不安定なときには愚者となった。

その知は誰もが真似ることができたが、その愚は誰も真似できないほどの、愚直ともいえる損得抜きの誠実さを示した。

○五四

志について

顔回《がんかい》（孔子の一番弟子）と子路《しろ》が孔子のそばにいたとき、孔子が「人にはそれぞれの志があるがお前たちの志をいってみなさい」といわれた。

子路は、「願わくば、高価な馬車や毛皮の服を友達と共有して、友達がぼろぼろにしても怨《うら》まないようにしたいものです」といった。

顔回は、「願わくば、自分の善行を誇らず、人の世話をしても、大げさにいわないようにしたいものです」と答えた。

すると子路が「先生の志を聞かせて下さい」といった。

孔子は、「私の願いは、老人には安心を、朋友には信頼を、若者には親しまれるようにと心がけている」と答えた。

〇五五

過《あやま》ちに気づく人、気づかない人

ああ、もういやになってしまうな。

人は誰も過ちを犯すものだが、その過ちを見つけて自ら反省し、自戒している者を、私はいまだ見たことがない。

第六章

雍《よう》也《や》篇

〇五六

長く続けることのできる人

顔回《がんかい》（孔子の一番弟子）はいつでも心が仁《じん》の徳に背《そむ》くことはなかった。だが、ほかの弟子たちは、心が日に一度、あるいは月に一度だけ仁の徳に至るだけで、長続きしたことがなかった。

〇五七

貧乏を楽しむ人

顔回《がんかい》は、一杯の飯と一杯の飲み物だけの食事で、狭い路地の小屋に住んでいる。こんな生活をしていれば、普通の人は貧乏に負けてしまうが、顔回はそんな暮らしを楽しみに変えてしまい、平然と楽しんでいる。立派だな、顔回は。

〇五八

途中で諦《あきら》めない人

弟子の冉求《ぜんきゅう》が「私は先生の教えをいつもありがたく拝聴していますが、どうも力不足で進歩がありません」といった。

それに対して孔子が「何をいっているのだ。力不足というのはいつも途中で諦めてしまうからだ。お前は力がありながら努力する気持ちが少なくて、最初から自分の力を限定してしまっているではないか。もっとやればできるのに」と励まされた。

〇五九

卑しくない人

子夏《しか》が入門したてのころ、孔子がいった。「子夏よ、学問するならば、お前は人格の完成を求めて立派な人になれ。学問で名を売るような卑しい小人《しょうじん》（心のできていない人）になるなよ」。

〇六〇

公明正大な人

弟子の子游《しゆう》が、魯《ろ》の国の武城《ぶじょう》という村の代官となったとき、孔子が「誰かいい人材を見いだしたか」と聞いた。

子游が答えて「澹台滅明《たんだいめつめい》という者がおります。この者は道を行くときにも小径《こみち》や裏道を通ることがありません。また公務以外のことで私の自宅にも来たことがありません。このように公明正大な人物です」といった。

〇六一

手柄を自慢しない人

とかく人は功績を自慢したがるものだが、孟之反《もうしはん》は手柄を立てても自慢することはなかった。彼は戦いに敗れて、その殿《しんがり》となって敵の追撃を防ぎ、味方を守りながら引き揚げてきた。城門に入ろうとするとき、自分の乗っている馬にわざとムチを入れて見せ、「私はあえて殿を務めたわけではない。この馬がなかなか進まなかったのだ」と、馬のせいにして自分の功を自慢しなかった。

〇六二

外見と中身のバランスがとれた人

内面が高潔な精神の持ち主でも、外面に表れた言動が礼を欠き、徳にそぐわないと、その人は野卑《やひ》な田舎者となる。

反対に内面が下劣であるにもかかわらず、外面をうまくとり繕《つくろ》って美しくしている人は、これはちょうど心にもない美辞麗句《びじれいく》をつらねた公文書のようだ。内面と外面がほどよくバランスのとれた人物を初めて立派な人といい、この状態を「文質彬彬《ぶんしつひんぴん》」という。

〇六三

正直に生きる人

人間が生きるには道理がある。この道理は「直《ちょく》」といって正直にまっすぐ生きることだ。もし正直に生きていない人があったら、それはたまたま幸運に恵まれて死を免れているだけだ。

〇六四

楽しむことができる人

人が道を求めて学ぶとき、学ぶことの大切さを知っている者は、知らない者より優れているが、道を好んで学ぶ者には及ばない。だが、好んで学ぶ者は、楽しんで学んでいる者にはかなわない。

〇六五

自分の利益を後回しにする人

樊遅《はんち》（孔子の弟子）が、知とは何かと孔子に聞いた。

孔子が答える。「人の行う道を努め、鬼神を敬いながらも、神頼みしなかったならば、それは知である」。

さらに樊遅が仁《じん》とは何かと聞いた。

孔子がいう。「仁者は心に私欲がないので、まず自分の行いがたい義務をやり遂げて、利益を考えることを後回しにする。このようであれば仁者ということができる」と。

〇六六

静かに生きる人

世間には知者、仁者《じんしゃ》と呼ばれる人がいる。

知者は、物事の道理に通じて、その心は水の流れるように滞《とどこお》ることなく動くから、その好むところは水にある。

仁者は、道理の上に安住して心は山のように動かないので、その好むところは山にある。それゆえに、知者は常に快活であるが、仁者は静かに生きるので寿命を長らえる。

〇六七

正しい状況判断ができる人

宰我《さいが》が孔子に聞いた。「仁者《じんしゃ》は、もし他人が偽って『井戸に人が落ちました』と告げたら、すぐに井戸の中に入ってこれを救いますか」と。

孔子が答えて、「仁者は人が落ちてもいない井戸に飛び込むことはない。井戸までいくことはあるかもしれないが、あわてて井戸の中まで入ることはない。それは物事の道理を常に考えているからだ。欺《あざむ》かれるようなことはない」と。

〇六八

常にバランスのとれた言動をとる人

過不足なくバランスがとれ、公平公正で常に変わらない中庸の徳は、申し分のない至極の徳である。だが、世が変わり時代が変わると、人々はこの中庸の徳がわからなくなり、世の中から消えてしまった。嘆《なげ》かわしいことだ。

第七章 述《じゅつ》而《じ》篇

〇六九

私の四つの悩み

自分が徳を完全に修《おさ》めていないこと、学問が明らかになっていないこと、善を聞いてもこれを行っていないこと、不善を改めていないこと、この四つが私（孔子）の悩みである。

○七○

泰然自若《たいぜんじじゃく》

孔子が家で何もしておられないときは、身体をゆったりとしておられ、顔はいつもにこやかであった。

〇七一

まずは志を固める

人格者になろうとするときは、まず道を志すことが第一で、そうすれば心が正しい方向へ向かうようになる。

ついで徳を養えば道を見失うことがなく、仁《じん》（優しさ）に従えば徳を常に働かせることができて、ほかのものに惑わされることもなくなる。

こうした日常の努めを果たした後、教養を磨くことだ。

〇七二

教えるときの物差し

人に教えるときには、教えを受ける者がなかなかわからなくて煩悶《はんもん》している状態にならなければ、教えても通じない。理解できたとしても、それを口で表現できなくて困っている状態にならなければ、表現の仕方は教えられない。

それはちょうど四隅にある柱の一隅を挙げて、ほかの三隅の柱も知ることができるようなものだ。一隅だけ教えて自分で三隅を考えるような者でなければ、教えても効果がない。

〇七三

天命に従う

人として富を欲しない者はいない。富が人力をもって得ることのできるものならば、私も王侯の出入りにムチを取って人をいじめるような卑しい役人にでもなって、富を求めたであろう。

だが、もし富を得るのが天命によるもので、自分から求めても必ずしも得られるものではないのならば、私は自分の好む道に安んじているだけである。

〇七四

とくに意識して慎むべきこと

孔子がとくに意識して慎むところが三つあった。それは「斉《さい》」と「戦争」と「病気」である。

＊斉（斎）とは神を祭る物忌みのこと。

〇七五

富に対する考え方

粗末な飯を食べ、酒など飲まずに水だけを飲み、寝具もないので肱《ひじ》を曲げて枕とするような、貧乏のどん底の生活をしていても、私（孔子）は誠《まこと》の楽しみを知っている。だから、楽しみを失うこともない。

たとえ悪事を働いて富者となっても、私から見ればそんなものは行方《ゆくえ》の定まらぬ浮き雲のようなものだ。そんなものにどうして心が動かされようか。

〇七六

善行を継承する

私（孔子）は生まれながらにして物事の道理を知っていたのではない。昔の人の善行には素晴らしいものがあるから、それを好んで休みなく学問を続けてきただけである。

〇七七

得体のしれないモノの話をしない

孔子は奇怪なこと、豪勇なこと、乱れること、鬼神のことは、人に語らなかった。

奇怪なことは常道に反し、豪勇のことは徳をさまたげ、逆乱のことは秩序を害し、鬼神のことは人を惑わすからである。

〇七八

ともに行動する人から学ぶ

三人で一緒に事を行えば、必ずそこに師として教えてくれる人がある。そういう人から善なるものを選び、不善を改めるのである。師といわれる者から教えを受けるばかりが学びではない。

〇七九

信頼を得る行動

孔子は四つの事柄をもって教えた。

それは文（古典）を学び、学んだことを実行し、その実行は真心を尽くすこと、そして偽りのないことである。

〇八〇

必要以上は不要

孔子は釣りをするときも、網を用いて魚を捕るようなことはしなかった。また矢に糸をつけて飛ぶ鳥を射ることはあったが、木に止まって安んでいる鳥を射るような、そんな卑怯なことはしなかった。

〇八一

潔《いさぎよ》さには潔さを

互郷《ごきょう》という土地は、村人の心が乱されていて、善を語ることのできないところであった。

あるとき、その土地の人が孔子に面会を求めて来たが、門人たちは迷っていた。孔子がそれを聞いて、「人がいったん心を潔くして会いたいというのならば、その潔さに免じて会おうではないか。その人の昔の善悪など心に留めてはいけない。ただその人の行動を信じるだけだ。またその人が後に不善をなすとも思ってはいけない。過去や未来のことまで考えて拒絶することはよくないことだ」といった。

○八二

仁《じん》は心の中にある

仁は心の中にある徳である。外にあるものではない。これがわからないので遠くにあると思っているが、仁は心の中にある。自分が求めようと思えば、心に応じてすぐに求められるものである。

〇八三

徳の修養は果てしない

文章は私（孔子）も人並みにできないことはなかろうが、君子というべき人の行いをすることは、私もまだ充分ではない。

〇八四

慎みを忘れずに

贅沢《ぜいたく》をしていると高慢になって礼を失う。倹約しすぎると卑しくて上品ではなくなる。どちらもよくないが、高慢で礼を失うよりは、卑しくて上品でないほうがまだよい。

〇八五

心が痛む理由

心のできた人は常に道理に従って利害得失に心を煩《わずら》わされないから、心が公平でゆったりしている。だが、心のできていない人は利害得失にとらわれているから、いつも心が憂《うれ》えて痛んでいる。

〇八六

温厚篤実な姿

孔子は温和で親しみがありながら、厳とした重厚さがあった。威厳があって敬われながらも、猛々《たけだけ》しいところは一つもなかった。恭《うやうや》しくて安らかであった。

第八章

泰《たい》伯《はく》篇

〇八七

望ましい後継者

泰伯《たいはく》（周王の長男）は最高の徳を備えた人である。自分が当然継ぐべき位を譲って父の志を生かした。またその譲り方も巧妙で、少しも自慢せず、その功績を残さなかった。

そのため天下の民は誰一人としてこれを知らなかったので、泰伯を賞賛する者もいなかった。こういう人こそ君子（立派な人）である。

〇八八

礼節を失っては徳も不徳となる

人に対して恭《うやうや》しくしても、そこに礼がなければ徒労となる。慎むのはよいことだが、そこに礼がなければ事を成すことはできない。勇気があるのはよいことだが、そこに礼がないと乱暴になる。正直にいうことはよいことであるが、そこに礼がなければ厳しすぎて窮屈になる。「恭・慎・勇・直」は美徳ではあるが、行き過ぎれば何ごとも不徳となる。

人の上に立つ者は身をもって教え導くことを第一とすべきである。上の者が親族に対して敬愛の心を示すならば、下の者も上の者に見習って親族を敬愛するようになる。上に立つ者が古い友人に対して平生の交わりを忘れることなく厚情を尽くすならば、下の者もそれに倣《なら》って徳を忘れるようなことはない。

〇八九

リーダーの品格

曾子《そうし》（孔子の高弟）が病気のとき、孟敬子《もうけいし》（魯《ろ》の国の大臣）が見舞いに来た。

曾子が遺言として語った。

「死を直前にした鳥の声は哀しく、死に臨んだ人間の言葉は真実であります。最後の私の言葉をよく聞いて下さい。政治を行う君子が尊ぶべき道が三つあります。動作物腰は穏やかで粗野乱暴にならないこと。顔つきはただ表面だけを飾るのではなく、心から誠実であること。言葉は注意して発し野卑《やひ》にならないこと。この三つは政治を行う者の修養の基本ですから気をつけること。祭器の取り扱いなどはそれぞれの役人に任せて、君子はそうした些事《さじ》にかかわらないことです」

〇九〇

仁《じん》の徳は死ぬまで背負うもの

道を志す者は心が広くて意志が強くなければならない。また、その責任は重く、進むべき道は遠い。なぜなら、道を志す者が求める仁の徳は深遠で、死ぬまで背負っていかなければならないからだ。

○九一

信頼があってこそ

国民が道徳を守っているのは、政治に対する信頼があるからであって、どうしてそうしなければならないかを、いちいち説明することは難しい。

〇九二

乱を起こす人

血気盛んな人は貧乏をすると、それに負けて自暴自棄となり犯罪を犯しやすくなる。もともと徳のない人はすべてを他人のせいにして、社会が悪いといって暴動を起こすようになる。

〇九三

得難き人

長年、学問をしながら、まだ俸給ももらえず、それでも学問を続けている人は得難き人である。

〇九四

恥を知る

私（孔子）は人としての正しい道を信じて、誠《まこと》を尽くし、学問に励み、道徳を守り、自分の行いに努めてきた。

危険な国には足を踏み入れず、乱れている国には長く滞在しなかった。天下に道や社会秩序があれば公務員にもなったし、悪徳に染まっていれば身を隠して、仕官することはしなかった。

世の中が道理に従い徳が溢れているときは、貧乏したり身分が低いのは恥である。だが悪徳がはびこる世の中で、金持ちで身分の高いのも、これまた恥である。

○九五

美点と欠点

人には欠点もあれば美点もある。

志が大きくて小事にこだわらない者の多くは真っ正直である。無知なる者の多くは温厚である。無能な者の多くは信用できる者だ。

いまここに志ばかり大きくて小事にこだわらないがホラを吹き、無知でありながら乱暴で、無能でありながら信用がない者がいたならば、この者は欠点ばかりの人間で、私（孔子）としてもどうしようもない。

〇九六

恐れを忘れずに

学問をするということは、追っても追っても追いつくことのできないものを追うようなもので、志を失っては追いつくことができない、と恐れるようでなければならない。

第九章 子《し》罕《かん》篇

〇九七

利と命と仁《じん》

孔子は人に教えるにあたって、「利欲」と「運命」と「仁」についてはめったに語らなかった。利欲を語れば義（人としての正しい道）を害するし、運命は道理が深すぎるし、仁の道は大きくて普通の人にはわからないからである。

〇九八

無私無欲の境地

孔子には普通の人が陥《おちい》りやすい四つの欠点がまったくなかった。

それは「意」（意地を張ること）、「必」（無理をすること）、「固」（固執、こだわること）、「我」（我執、我を通すこと）である。

〇九九

誰にでも誠実に

世間は私（孔子）が何でも知っているようにいうが、私が何を知っていようか。知ってはいない。ただ、粗野な人間が来て私に道理を尋ねれば、愚かであろうと何も知らなかろうと、私は自分の知っている全部の道理を挙げて語るので、世人はこれを見て何でも知っていると思うのであろう。

一〇〇

凡事徹底は難しい

仕官すれば朝廷では上の者に誠意を尽くし、家庭にあっては父兄に孝行を尽くし、父母の喪には哀悼を尽くし、酒を飲んでも節度をもって乱れることはない。この四つのことができているかと反省するが、私（孔子）には一つもできていない。

一〇一

水が流れるように

孔子が川の畔《ほとり》にたたずみ、水の流れを見つめながら溜《た》め息をついた。「人間というものは死んでは生まれ、生まれては死に、この永遠の流れはまるで川の流れのようだ。人の道も昼夜をわかたず一瞬の休みもない」。

一〇二

山が完成するまで

学ぶ者が途中でやめれば、これまでの修行はすべて無駄になる。学ぶとは山を作るようなものだ。山が完成しないのは、コツコツと一簣《ひとかご》の土を運ばないからだ。一簣の土を運ぶのは容易であるが、途中で他人がやめたからといって自分もやめてしまえば元も子もない。学ぶ者は山を築くように、平地に一簣ずつ盛り、他人がどうであろうと自ら進む人であらねばならない。

一〇三

若者を畏《おそ》れる気持ち

若者は年も若いし精力も強いから誠《まこと》に畏ろしい。懸命に励めば、どうして将来の彼らが、いまの私（孔子）以上にならないといえるだろうか。

だが、四十、五十になっても彼らの名が世に聞こえてこないときは、畏るるに足らない。

一〇四

志を奪うことはできない

三軍の勢いは強くて崩しがたいが、たとえその大将でも、兵隊あってのものだから、これを奪い取ることはできる。だが、たとえ身分の低い若者といえども、自分の内から出た志は奪うことができない。

一〇五

いざというときに「人物」がわかる

季節が変わり寒くなって草木が枯れ果てる中、松や柏《かしわ》がひとり残り、その寒さにも負けることなく毅然と立っている。

平穏無事なときには君子も小人もその違いがわからないが、事が起こって初めて君子の節操がわかる。

一〇六

知・仁《じん》・勇

知者は物事の道理をわきまえているから迷うことなく、仁者は常に道理に従っているので恬淡《てんたん》（心が安らかで無欲なこと）として憂慮することがなく、勇者は道義を踏まえているのでいかなることがあろうと懼《おそ》れることはない。

第十章

郷《きょう》党《とう》篇

一〇七

その場に応じた態度

孔子が故郷にいるときは、恂恂如《じゅんじゅんじょ》（信実温恭＝まめやかで、恭《うやうや》しい）の状態で、まるで借りてきたネコのようにおとなしかった。朝廷に出ているときは、政治についての意見は滔々《とうとう》と述べるが、態度は同じであった。それは郷里に愛する親族がおり、朝廷は畏《おそ》れ多いところだからである。

一〇八

人間が大事

孔子の家の馬小屋が火事になった。
朝廷から帰ってきた孔子がこれを知って、「負傷した者はいなかったか」
といって、馬のことは問わなかった。

第十一章

先《せん》進《しん》篇

一〇九

野暮と調和

先人の礼楽《れいがく》（礼儀と音楽）はほどよく文《かざり》（外見）と質《しつ》（中身）の調和がとれ、いまの人の礼楽は文が質を上回り根本を失っている。だが、いまの人は文を好むものだから、「先輩の礼楽が足りなくなって野暮である。それに対して、いまの礼楽は調和がとれて君子のようだ」などという。もし私（孔子）が礼楽を用いるならば、先人の礼楽を重んじるのだが。

二〇

孔子の弟子たち

「私に従って陳《ちん》・蔡《さい》(場所の名前)で苦労をともにした弟子たちは、いまはもう門下にいない」といって、孔子が深い感慨をもらした。

当時、従った人々の中には、徳行に長じた者に顔淵《がんえん》と閔子騫《びんしけん》と冉伯牛《ぜんはくぎゅう》と仲弓《ちゅうきゅう》がいた。言語に長じた者には宰我《さいが》と子貢《しこう》がいた。政治に長じた者には冉有《ぜんゆう》と季路《きろ》(子路《しろ》)がいた。文字に長じた者には子游《しゆう》と子夏《しか》がいた。

一二

本物の孝行者

孝行である、閔子騫《びんしけん》（孔子の高弟）は。父母兄弟がその孝行を誉めても、誰もそれを疑わず、誰も異議を唱《とな》える者がいないからである。

一二三

言葉と人間性

弟子の南容《なんよう》は言葉を慎んだ人で、白圭《はくけい》の詩を毎日いくども繰り返し読んでいた。

このように言葉を慎むならば、社会が正常なときは登用され、乱れた世には禍《わざわい》を免れるであろうからと、孔子は兄の子を彼の嫁にした。

一二三

弟子・顔淵《がんえん》への思い

顔淵が死んだ。私（孔子）は顔淵に道を伝えたかったのに、その顔淵が死んで道を伝えることができなくなった。「ああ、これは天が私を滅ぼしたのだ。天が私を滅ぼしたのだ」。

＊顔淵は顔回と同一人物。

二一四

ときには度が過ぎても

顔淵《がんえん》が死んだとき、孔子があまりにも慟哭《どうこく》したので、門人たちが心配していった。「先生、あまりにも悲しみの度が過ぎます」。孔子がハッと気づいて、「そうか、度が過ぎるか。だが顔淵が死んだのは誠《まこと》に惜しいことなのだ。顔淵のために慟哭しなければ、誰のために慟哭するのだ」と答えた。

一二五

生と死

季路《きろ》（子路《しろ》）が鬼神に仕える道を尋ねた。

孔子が答える。「いまだ人に仕えて誠敬を尽くすことができないのに、どうして鬼神に仕えて誠敬を尽くすことができよう。まず人に仕える道を求めるがよい」。

すると季路は死について質問した。

孔子は「生きることがわからないのに、どうして死ぬことがわかろう。まずは生き方を知ることだ」と答えた。

二六

死に場所

閔子《びんし》が孔子のそばに立っている。その様子は和《やわ》らぎ悦《よろこ》んでいる。子路《しろ》もそばにいた。その様子は豪健である。冉有《ぜんゆう》も子貢《しこう》もそばにいた。その様子は剛直である。孔子は彼らを見て頼もしく思い喜んだ。英才たちを得て、それぞれを教育することができたからである。

ただ子路の豪健なところは禍《わざわい》を招く恐れがあるので「由《ゆう》（子路の名）のような男は畳の上で死ぬことはできないかもしれないよ」と注意した。

二七

寡黙な人

魯《ろ》の国の役人が長府《ちょうふ》という宝物を納める倉庫を造った。閔子騫《びんしけん》がこれを見て、「もとのままにしておいて修繕したらどうだろう。なにも改めて造る必要はないのに」といった。

孔子がこれを聞いて、「あの人は寡黙でめったにものをいわないが、いえば必ず核心をついている」といった。

二一八

「過ぎたる」と「及ばざる」

子貢《しこう》（孔子の高弟）が「師《し》（子張《しちょう》の名）と商《しょう》（子夏《しか》の名）とは、どちらが勝《まさ》っているでしょうか」と尋ねた。

孔子が答えて「師は過ぎたり。商は及ばず」といった。「となれば、子張が勝っているということになりますか」。「いや、やりすぎは、控えめにすぎるのと大差ない」と孔子がいった。

二一九

弟子の罪

魯《ろ》の国の大臣である季氏《きし》は王様である周公《しゅうこう》より富んでいた。季氏が陪臣の身として周公よりも富んでいるのは、必ず公から奪い民から搾《しぼ》り取ったからに違いなかった。門人の冉求《ぜんきゅう》は季氏に仕えていたので、季氏を補佐し、民に重税を課して、その財力をいよいよ富ませることに努めた。

そこで孔子が冉求の罪を怒っていった。「冉求は、もはや私の弟子ではない。門人諸君よ、太鼓を鳴らして彼の罪を責めてもよいぞ」と。

一二〇

二人の弟子

顔回《がんかい》（孔子の一番弟子）は貧困に安んじて富を求めるようなことはしない。食べることにも困っているのに、その中にあって道を楽しんでいる。

だが、賜《し》（子貢《しこう》の名）は常に財産の運用をはかっている。顔回が貧乏に安んじて道を楽しむには及ばないが、子貢は金儲けの才があるらしく、予想したことがしばしば当たるのだ。

一二二

師弟の絆

孔子の一行が旅を続けているとき、匡《きょう》というところで賊に囲まれ危険に出遭った。このとき顔淵《がんえん》（顔回《がんかい》）がはぐれてしまった。ようやく難を逃れた顔淵が馳《は》せ参じると、孔子が「お前は賊に捕らわれて死んでしまったかと思っていた」といって喜ぶと、顔淵が「先生が生きていらっしゃるのに、どうして私が死ぬことがありましょう」といった。

第十二章

顔《がん》淵《えん》篇

一二三

仁《じん》を行う方法（一）

顔淵《がんえん》が「自分に克《か》つ礼を行う修行の道」を問うたとき、孔子がこう答えた。

「自分の動作が礼にはずれないようにするためには、まず礼にはずれた色を視《み》ないようにせよ。礼にはずれた声を聴かぬようにせよ。礼にはずれた言葉を云わぬようにせよ。礼にはずれた事を行わないようにせよ。礼にはずれた事はみな私欲である。私欲に打ち克って、一挙一動みな礼に合致するようになれば仁が行われたことになる」と。

一二三

仁《じん》を行う方法（二）

仲弓《ちゆうきゆう》が仁を行う方法を聞いた。

孔子が答える。「わが家を出て他人に接するときは客人をもてなすように敬い、人を使う場合は重要な祭りを行うときのように謹《つつし》む。自分が人からされたくないことは、人にもするな。自分の行いを謹み、他人を思いやれば、世間からも家族からも怨《うら》まれることはない」と。

一二四

仁《じん》を行う方法（三）

司馬牛《しばぎゅう》（孔子の弟子）が仁を行う方法について尋ねた。

孔子が答える。「仁者の行いを視《み》るのがよい。言葉を発するのに軽々にいうことはなく熟慮していう。このようにするのが仁の道である」。

さらに司馬牛が問うた。「軽々しく言葉を発しなければ、それは仁ですか」。

孔子が答える。「言葉と行動は必ず一致すべきものである。その行動が難しいことを思えば、言葉は軽くいうわけにはいかないではないか」と。

一二五

やましいことがなければ恐れることはない

司馬牛《しばぎゅう》が「君子とはいかなるものか」と聞いた。

孔子が答える。「君子とはいかなるときにも心を動かさないので、禍《わざわい》が来ても心配することなく、懼《おそ》れることもない」。

続けて聞いた。「心配することなく懼れることもなければ、それで君子といえますか」。

孔子が答える。「それだけでいい。なぜなら、君子は自らを省みて、心にやましいことがないので常に公明正大。となれば何を憂《うれ》え、何を懼れることがあるのか」。

一二六

悩んでもどうしようもないことは悩まない

司馬牛《しばぎゅう》（孔子の弟子）が子夏《しか》にグチをこぼした。「世間ではみな兄弟があって楽しく暮らしているのに、私の兄は死んでしまいました。どうしたらいいでしょう」。

子夏が慰めていった。「諺《ことわざ》に『人の死生は天命であり、人の富貴は天の与えるものだ』といっています。あなたに兄弟がないのもいわば天命でしょう。だから天命にはそのまま従って、自分の務めを果たすべきです。君子は自分の行動にいつも敬《つつしみ》をもって、それが礼と一致するならば、世間の人はみなあなたを敬愛して、兄弟のようにしてくれるでしょう」。

一二七

政治への信頼

子貢《しこう》（孔子の高弟）が政治の要諦《ようてい》を聞いた。

孔子が答える。「まず食料を充分にすること。ついで軍備を充分にすること。そして国民が政治を信頼できるようにすること」。子貢がさらに聞いた。「もし一つを捨てなければならないときは、どれを捨てますか」。孔子が答える。「軍備を諦《あきら》める」。子貢が続けて聞いた。「残る二つのうち、どれを先に捨てますか」。孔子が答える。「食料を諦める。食料がなければ人は必ず死ぬが、どうせいつかは人は死ぬものである。だが、国民に政治への信頼がなければ、政治そのものが成り立たないので、生きていても仕方がない」と。

一二八

毛と皮

棘子成《きょくしせい》が世間の人を非難して、「君子は本質を尊べばいいのであって、なにも文《かざり》（外見）を用いて外観を美しくする必要はないはずだ」といった。

これを聞いて子貢《しこう》が、「惜しいことです。文と質（中身）は同等のもので、たとえば文は毛で質は皮のようなものです。毛と皮があって初めて虎豹と犬や羊との区別ができるのです。文と質が両方備わって君子（立派な人）と小人《しょうじん》（心のできていない人）の区別ができるのです」といった。

一二九

苦しみはともに分かち合う

魯《ろ》の君主・哀公《あいこう》が有若《ゆうじゃく》に問うた。「今年は凶作で財政赤字だが、どうしたらよかろう」と。それに対して有若が答えた。「それならば税を半分にしたらいかがでしょう」。

「いまの税でも足りないというのに、どうして半分でいいのか」と哀公が問うと、有若がいった。「国民が豊かになれば、君主ひとりが貧しいはずがありません。国民が貧しければ、君主ひとりが豊かになるはずもありません。君主と国民は一体なのです」。

一三〇

人倫の道

斉《せい》の景公《けいこう》が孔子に政治の要諦《ようてい》を聞いた。

孔子が答えた。「君は君の道を尽くし、臣は臣の道を尽くし、一家にあっては父は父の道を尽くし、子は子の道を尽くす。それだけです」。

景公は感心し、「その通りだ。もし君が君の道を尽くさず、臣が臣の道を尽くさず、父が父の道を尽くさず、子が子の道を尽くさなければ、世は乱れ、食料があったとしても、とても食べられるような状況ではなくなるものだ」と。

一三一

不平不満の訴え

人の訴えを聞いて、その正邪曲直を判決することは、私（孔子）も他人と同じである。

だが、私はその前に必ずその本《もと》を正し、国民の生活を安定させ、これを教化し、訴えなどないようにしてしまうのだが。

一三二

善悪への態度

君子は人が善《よ》いことをしようとしているときにはこれを助け、人が悪いことをしようとするときは、これを戒めてやめさせる。ところが小人《しょうじん》（心のできていない人）は、人が悪いことをしようとするとそれを助け、人が善いことをするのを見ると、嫉妬心からそれを妨害し邪魔をする。

一三三

自分が正しくなければ

季康子《きこうし》が政治について問うた。

孔子が答える。「政治の政には正という意味があります。人の不正を正すということです。だが、自分が正しくなければ人を正すことはできません。だから、まず自分自身が身を正しくして人を導くのなら、誰でも正しくなります」。

一三四

もしもあなたが無欲であるなら

季康子《きこうし》が泥棒が多いことを心配して孔子に尋ねた。

孔子が答える。「もしあなたが無欲であるなら、国民もそれに感化され、たとえ泥棒をすれば褒美をやろうといっても、誰も盗みはしなくなります」。

一三五

風になびく草のように

季康子《きこうし》が孔子に政治について問うた。「国民が道にはずれたことをしたら殺すことにして、善《よ》い国民に向かわせたらどうでしょう」。

孔子が答える。「下の者は上の者を見習うものです。どうして死刑を用いることがありましょう。あなたが善を好んで先頭に立って国民を率いるならば、国民はこれに感化されてみな善人になります。たとえば上にいる君子は風で、下にいる民を草とします。草は風が吹けば必ず従います」と。

一三六

友人への忠告

子貢《しこう》(孔子の高弟)が友人との交際方法を訊ねた。

孔子が答える。「もし悪いことをしたら優しく忠告し、それでも直らなかったら少し放っておくこと。何度も忠告するのはよくない。よけいなお節介として嫌われる。こちらが恥を欠くようなことはないようにすべきだ」。

第十三章

子《し》路《ろ》篇

一三七

飽きずに続ける

子路《しろ》(孔子の高弟)が政治について尋ねた。

孔子が答える。「何ごとも上の者が見本となること。国民に働いてもらいたいと思えば自分から働くこと。そして、いまいったことを守って飽きることなくずーっと行うことだ」。

一三八

的を射ない質問

樊遅《はんち》（孔子の弟子）が穀物の栽培方法を学びたいと孔子に尋ねたが、孔子が「私は老練な農夫ほど上手ではないから教えられない」と断ると、不満気な顔で出ていってしまった。

樊遅が退室したあと、孔子は「あの男はなんたる愚か者か。上に立つ者が誠《まこと》に礼を重んずれば、下の者は尊敬する。上に立つ者が誠に義（人としての正しい道）を重んずれば、下の者はそれに服従する。上に立つ者が誠に信を重んずれば、下の者は欺《あざむ》くことなくそれに応じる。このような教えを学べば、どのような民も赤ん坊をおんぶしながらも自分の道をまっとうする。どうして私が農業まで教える必要があろうか。樊遅は君子が学ぶべき学問がわかっていない」と怒った。

一三九

徳のある指導者

下の者を指導したいと思えば、まず上の者が人徳者でなければならない。上の者が自ら正しいことをしていれば、必ず下の者は命令しなくても感化される。だが、もし上の者が正しくないことをしていれば、いくら命令しても下の者は従わない。

一四〇

身分相応の暮らしぶり

孔子が公子荆《こうしけい》（衛《えい》の国の大臣）を評して「公子荆は善く家を治めた人だった。器物や家財などが形ばかりそろうと『ちょっと集まった』といっただけで、ことさら集めようとはせず、それでもさらに整うと『ちょっと完備したな』といった。そして、十分に集まると『ちょっと美しくなったな』というだけだった。そのときどきの分に応じて、装飾品や家財道具に凝《こ》ることもなく、自然体であったのは徳のある人といわねばならない」と。

一四一

富と人倫の道

孔子が衛《えい》の国へ行ったとき、冉有《ぜんゆう》が下僕となって連れ添った。孔子が「この国は盛んだから、人が多いな」というと、冉有が「これだけの国民がいると、先生は次に何をされますか」と訊《き》いた。

孔子が答えていった。「国民がみんな裕福になれるようにしたいな」と。

さらに冉有が訊いた。「裕福になったあとは、何をされますか」。「そうだな、彼らを教育して人倫の道を教えたいね」と答えた。

一四二

目先の利益

子夏《しか》が莒父《きよほ》という町の長官になったとき、孔子に政治の要諦《ようてい》を尋ねた。孔子が答える。「政治はあせってはいけない。眼前の小さな利益にとらわれてはいけない。効果を早く望むと、かえって目的を達することができなくなる。目先の利益にとらわれると、大きな事業をやり遂げることができない」と。

一四三

家族の情

楚《そ》の国の葉公《しょうこう》が孔子にいった。「私の領地には曲がったことが大嫌いな正直者がいます。父親が羊を盗んだときも、子でありながら訴え出たような立派な者です」。これを聞いて孔子は「私たちの町にも正直者がいますが、これとは異なっています。子は父の罪をかばい、父は子の罪をかばいます。罪を隠すことは善《よ》くないことですが、これが人情の極致であって、自然な親子の情というものでしょう」。

一四四

狂者と狷者《けんしゃ》

私（孔子）は徳の過不足のない中庸の人に道を教えたいと思っているが、中庸の人はなかなか得られない。それならば、私は狂者と狷者（へそ曲がり）を得て彼らに教えよう。

狂者は行いはともなわないがきわめて志が高く、狷者は知識は足らないが節操に固い。彼らに教えを与えれば必ず善の道を進み、中道に至らせることができるであろう。

誰とでも仲良くなれる人

心のできた人というのは、誰とでも仲良くなるが、かといって相手におもねったり媚びたりするようなことはない。だが、心のできていない人は、なかなか友達ができない。それは仲良くなると図々しくなり、私利私欲を相手に求めるからである。だから、すぐ喧嘩別れして仲良くなれない。

一四六

剛毅木訥《ごうきぼくとつ》の人

意志が強く、飾りっ気がなくて口数の少ない人は、徳の本質である「仁《じん》」に近い人だ。

一四七

訓練なくして勝利なし

戦いは生死にかかわることだから、平素からこれを訓練しておかなければならない。

もし訓練もしないで戦うとなれば、負けるのはわかっているので、民をわざわざ殺すに等しい。

第十四章
憲《けん》問《もん》篇

一四八

報酬と恥

原憲《げんけん》（孔子の弟子）が「恥」について尋ねた。

孔子が答える。「君子は節操があることを尊ぶ。したがって国家が徳のある状態のとき、働かないで報酬をもらい、国家が不正を行っている状態のとき、これに加担して報酬をもらうのは、いずれも恥ずべきことである」と。

克《こく》・伐《ばつ》・怨《えん》・欲《よく》

原憲《げんけん》が孔子に尋ねた。「克（他者に勝《まさ》るのを好むこと）、伐（自慢すること）、怨（人を怨《うら》むこと）、欲（まだ足りないと思うこと）の四つの心が起こるのを制《せい》御《ぎょ》して、行わないようにするのは仁《じん》といえますか」。

それに答えて孔子がいう。「この四つの心が起こるのを制御するのは困難なことであるが、はたして仁であるかどうかは私は知らない。なぜなら仁者というのは心ができているので、この四つの心が起こることがないからだ」と。

一五〇

徳と勇気

徳のある人は必ず善《よ》い言葉を発するが、善い言葉を発するからといって必ずしも徳のある人とはいえない。仁者《じんしゃ》は必ず正しいことをする勇気を持っているが、勇気があるからといって、その人が必ず仁者とはいえないのと同じことだ。

一五二

私利私欲にとらわれている人

君子といえども、まだ聖人のたぐいには達していない。そのため、少しでも心をゆるめると仁《じん》をなくす者があるかもしれない。だが、小人《しょうじん》はもともと心が私欲に覆《おお》われているので、こういう人で仁者になった人はいない。

一五二

本当の愛

親が自分の子を本当に愛するならば、その子を立派にするために、いろいろな苦労を体験させせないことがあろうか。同様に、本当に忠義があるならば、君主を立派にするために諫言《かんげん》し、よく教えずにはいられないはずだ。

一五三

普通の人でもできること

貧乏をして、世を怨《うら》まずに平然としていられるのはなかなか難しいことだ。だが、金持ちになって驕《おご》り高ぶらずにいられるのは、節制を知る者ならできることで、普通の人でもやさしいことだ。

一五四

軽率な物言い

大きなことをいって恥をかくのは、できるかどうかも考えないでいうからである。人は軽率にものをいってはいけない。それは信用をなくすことになるからだ。

一五五

師が過《あやま》ちを犯したとき

子路《しろ》（孔子の弟子）が君主に仕える道を尋ねた。孔子が答える。「絶対に欺《あざむ》いてはいけない。だが、もし君主に過ちがあれば、逆らってでもこれを諫《いさ》めなければならない」。

一五六

上達の者、下達の者

君子は道理に従って行動しているから、日増しに徳が進んで、ついには仁義の徳に達する。だが、小人《しょうじん》はいつまでも私利私欲にとらわれているから、いつの日にか身を滅ぼしていく。

一五七

学と徳と名声

昔の学者（学ぶ者）は道を明らかにして徳を極めるために学問に励んだものだ。いまの学者は人に知られるため、つまり自分の名声を得るために学んでいる。

一五八

仁《じん》・知・勇

孔子が「君子の徳をなす道は三つあるが、私はまだできていない。それは仁・知・勇である。仁者は憂《うれ》えず、知者は惑わず、勇者は懼《おそ》れない。まだまだ修行が足りない」といった。

子貢《しこう》（孔子の高弟）がそれを聞いて、「先生はできていないとおっしゃるが、ご自分のことだから謙遜しておられるのだ」と、ほかの弟子たちに解説した。

一五九

人物鑑定をする前に

子貢《しこう》（孔子の弟子）は好んで人物の優劣を比較していた。

孔子がそれを戒めていう。「人物の優劣を比較できるのは、自分の修行が十分にできた人がすることである。そんなに賜《し》（子貢の名）は賢いのか。私など自分の修行に忙しくて、人の優劣を比較するなどそんなヒマはないというのに」と。

一六〇

最初から疑う人

騙《だま》されてはいないか、嘘をつかれているのではないかと、最初からそんな考えを見抜いて、物事を人より先に気がつく人は賢者といえる。

一六一

優れた馬の誉めるべきところ

驥《き》（優秀な馬）は一日千里を走るが、誉めるべきはその力ではなく、調教されて御しやすくなった徒順な徳を誉めるべきである。

一六二

怨《うら》みのある人への処し方

ある人が、「もし他人が自分に怨むべきことをしたときには、私はこれに恩徳をもって報いたいと思いますが、いかがでしょう」と、体裁のいいことをいった。

孔子が答える。「報いは互いに平等でなければなりません。怨みのある者に恩徳で報いるならば、恩徳のある者に何で報いるのですか。公平無私をもって怨みに報い、徳には徳をもって報いるべきでしょう」。要するに、できもしないことを無理にすることはないというのだ。

一六三

天は知ってくれている

「どうして世の中には私のことを理解してくれる人がいないのだろうか」と、孔子がいった。それを聞いた子貢《しこう》（孔子の高弟）が、「先生が聖人であられることはみな知っています。どうしてそのようなことを……」と答えた。孔子が答える。「運否天賦《うんぷてんぷ》は天の命。私もしばしば災難にあってきた。だが、私はそれに安んじ、天を怨《うら》むことも人を咎《とが》めることもしたことはなかった。ただ身近なことから学んで高遠なる道に達したのだ。人がわかってくれなかったとしても、天だけは私の行ってきたことを知っているだろう」と。

一六四

賢者の生き方

賢者は世の中の乱れを知ると隠れてしまう。そして乱れた国を去って治まった他国へ行く。だが、そのときでも主人が礼儀正しい態度の者でなければ仕えないし、さらに自分の意見が主人と合わなければ去って仕えないものだ。

一六五

己《おのれ》を修める

子路《しろ》（孔子の弟子）が「君子とはいかなる者か」と尋ねた。

孔子が答える。「身を修めて慎むようになるのが君子だ」。「ただそれだけですか」と子路が尋ねると、孔子がこう答えた。「身を修めて、まわりの人が安心できるようにすることだ」。

子路がさらに続けて、「それだけで君子といえるのですか」と問うと、「身を修めて徳のある人になると、まわりの人もよくなり、ついには天下万民が安心する。このようなことは聖人といわれた堯舜《ぎょうしゅん》でさえ難しくて、心を痛めたものである」と、孔子が答えた。

第十五章

衛《えい》霊《れい》公《こう》篇

一六六

度量の大きさ

史魚《しぎょ》（衛《えい》の国の大臣）という人は、まっすぐな人だ。国に道があるときも、ないときも、正義を矢のように貫き通し直言する。正義を守って曲がるところがない。

蘧伯玉《きょはくぎょく》（衛の国の大臣）という人も君子である。国に道があるときは仕えてその道を行い、国に道がないときは、それをまるで懐《ふところ》に隠すようにして、国を守っている。懐（度量）が大きいというべきだろう。いずれも仁者《じんしゃ》である。

一六七

生きることよりも仁《じん》を守ること

仁に志す人と仁を完成させた人は、もし死ぬ場面に出会ったら、生きるよりも仁を守ることを考え、むしろ身を殺しても仁を成し遂げるべきである。

一六八

仁《じん》を行う方法(四)

子貢《しこう》(孔子の高弟)が仁を行う方法について尋ねた。

孔子が答える。「職人が仕事を上手にするには、必ず道具の手入れを忘れない。技がよくても、よい道具がなければ上手な仕事ができないからである。仁を行うのも同様で、もし国政に参画するとすれば、身分の高い人を賢者として仰ぎ、師として仕え、その国の立派な人を仁者として交わり、あるいは手本として学ぶことが仁を行う方法である」。

一六九

自分に厳しく、人にはやさしく

自分に厳しく人を責めることを薄くすれば、自分の身はおのずと修まり、人からも好かれる。つまり、人から怨《うら》まれることも憎まれることもなくなる。

一七〇

正義と礼節

君子（立派な人）は事を行うのに正義を根本に置いている。だが、正義だけを振り回すと角が立つので、礼をもって失礼のないように振る舞う。礼は譲ることを根本に置いているので、謙遜して出しゃばらない。そして少しの偽りもなく誠《まこと》の心を尽くして成し遂げる。これが君子の道である。

一七一

責任

心のできた人は何ごとも自分の責任とするが、心のできていない人は何ごとも他人のせいにする。

一七二

矜持《きょうじ》

心のできた人は、自分なりの誇りを持っているので人と争わないし、多くの人に囲まれていても付和雷同することはない。これを矜持という。

一七三

人と言葉の混同

心のできた人は公明正大であるので、話が上手《うま》いからといって即座に採用することはしないが、よくない人だからといって、その人のいっていることまで棄《す》てることもしない。

一七四

思いやりの心

子貢《しこう》（孔子の高弟）が尋ねた。「ただ一言で、生涯を懸けて行うものは何ですか」。孔子が答える。「それは恕《じょ》の一言だろう。恕とは相手を思いやることだ。だから、自分が欲しないことは人も欲しないので、そのようなことはしてはいけない」。

一七五

小さなことを大切に

巧みな言葉は是を非とし非を是とするので、信用を欠き徳を乱す。

小さなことにも我慢がなく、匹夫《ひっぷ》の勇（卑しい男の、無謀で血気にはやっているだけの勇気）を振るうだけでは、大事をなすどころか乱れてしまう。

一七六

人の見分け方

大衆の好き嫌いは公平のようであるが、大衆に嫌われている人の中にも独立独行して世俗に迎合《げいごう》しない人もいるので、嫌われている人といえども熟慮して見分けなければならない。

同様に、大衆から人気のある人でも、主義も節操もなくただ迎合して好かれているだけの人かもしれないので、心して見分けなければならない。

一七七

人の過《あやま》ち

人は誰でも過ちを犯す。だが、過ちであることを知ってこれを即座に改めることができれば、これはもう過ちではない。だが、過ちを知っても適当にごまかして改めないことを、本当の過ちというのだ。

一七八

思うだけでは益がない

孔子がいった。「自分はかつて物事の道理を極めようと、一日中食べるヒマなく、寝るヒマもなく思い続けたことがあった。だが、何の益もなかった。ただ思うよりも、古典や聖賢を手本として学んだほうがよほどためになる」と。

一七九

譲ってはならないこともある

仁《じん》の徳を行うときは、いかに先生であろうと遠慮することはない。

一八〇

仕事と給料

主人に仕えるには、まず自分の仕事をやり遂げて、給料のことなど後から考えろ。

一八一

文章の目的

文章の目的は相手にわからせることであって、美辞麗句を並べて飾り立てることではない。

第十六章

季《き》氏《し》篇

一八二

友人の見分け方

友人を選ぶことは難しい。その中でも有益となる友人とマイナスになる友人、それぞれ三種類の者がいる。

正直な友、誠実で表裏のない友、博識な友である。彼らと交われば日々進歩する。

だが、考え方がねじ曲がった友、外見ばかりで誠実さのない友、おべんちゃらばかりいう友と交わると自分の人間性が落ちていく。

一八三

主人との接し方

主人に仕えるとき、心しておかなければ怨《うら》まれる三つのことがある。

主人が黙っているときに、こちらから勝手に話すのはうるさがられる。これを「躁《そう》」という。主人から話しかけられたときに黙って何もいわないのは「隠《いん》」といって、何か隠しているかと思われる。主人の顔色も察せずに、一方的に思うがままにいうのは「瞽《こ》」という。

いずれも、場の空気が読めないのだ。気をつけるべし。

一八四

年齢に応じた戒め

君子が戒めておかなければならないことが三つある。少年のころは血気がまだ定まらないので、欲に溺《おぼ》れやすく、とくに女色を戒めなければならない。壮年になると血気が盛んで人と衝突しやすいから、闘争心を抑えなければならない。老年になると血気が衰えるので肉欲はなくなるが、財貨や地位を得る欲求を戒めなければならない。

一八五

三つの畏《おそ》れ

君子には三つの畏れ敬うことがある。

一つは天命を畏れ敬うこと。二つは大人《たいじん》を畏れ敬うこと。三つは聖人の言葉を畏れ敬うこと。

それに反して小人《しょうじん》というものは、天命を知らないから、私欲を欲しいままにして邪道に走り、大人の教えを侮《あなど》り、聖人の言葉を馬鹿にする。

一八六

最高の人物、最低の人物

生まれながらにして自然に道理が身についている者は最上の人である。学んだあと道理を知る者は次の人物である。学ぶことを知らず道理に苦しんで、その後、発憤して学んだ者はその次の人物である。

だが、どういう状況でも学ばず何も覚《さと》るところがなく平気でいる者は最低の人物である。

一八七

九つの思い

心のできた人には九つの思いがある。見るときはすべてを明白にしようと思い、聴くときはすべて聞き逃さないように思い、顔色は和《なご》やかであることを思い、姿形は恭倹（相手を敬い、慎み深いこと）であることを思い、言葉は誠実であることを思い、行動するときは敬い慎み深くあることを思い、疑わしいときは問うて明らかにすることを思い、怒るときは難事を招くことのないように思い、利益を得るときはそれが義にかなっているかどうかを思う。

第十七章

陽《よう》貨《か》篇

一八八

学ぶことで「人」の差が出る

人の性《さが》（本質）は誰でも似たようなものであるが、学ぶことによってそれぞれが違ってくる。

六言と六蔽《へい》

孔子がいった。「由《ゆう》（弟子の子路《しろ》のこと）よ、お前は六言の美徳の裏に六蔽があるのを聞いたことがあるか」。「いまだ聞いたことがありません」と子路が答えると、孔子がこういった。

「美徳は必ず学ぶことで成就する。だから仁《じん》を学ばなければ、騙《だま》されたり陥《おとしい》れられたりする。これを愚という。知を学ばなければ、心は無用なところに向いて極めることができない。これを蕩《とう》という。信を学ばなければ、人を害し自分も害する。これを賊《ぞく》という。直《ちょく》を学ばなければ、あまり厳しすぎて人情にはずれることになる。これを絞《こう》という。勇を学ばなければ、いたずらに血気の勇を振るって人に迷惑をかける。これを乱という。剛を学ばなければ、意のままにまかせて軽挙妄動する。これを狂という」

一九〇

勇と義

子路《しろ》（孔子の弟子）が尋ねた。「君子は勇を大事にしますか」と。

孔子が答える。「君子はただ義を最上とする。そこに義があれば勇気をもって行うが、義がなければ踏みとどまる。勇のみ貴《とうと》ぶわけではない。もし君子に勇だけあって義がなければ、それは乱を起こす元となる。もし小人《しょうじん》（心のできていない人）に勇だけあって義がなければ、それは勇にまかせて盗むことまでやってしまう」。

一九二

誰を憎むか

子貢《しこう》（孔子の高弟）が孔子に尋ねた。「君子でも人を憎むことがありますか」と。

孔子が答える。「そりゃあるさ。他人の悪口をいう者、下の者であるのに上の者を誹《そし》る者、勇気はあるが礼のない者、勢いよく進んでも道理がわからない者は憎む」。

孔子が子貢に聞いた。「お前も憎むことはあるのではないか」。

子貢が答えた。「他人の物真似をして知者といっている者、不遜なことをして勇気だといっている者、他人の秘密をあばいて正義ぶっている者を憎みます」。

一九二

女子と小人《しょうじん》は養い難し

世の中で女性と小人（心のできていない人）ほど扱いにくいものはいない。可愛がればその気になって増長し、疎遠にすると怨《うら》む。誠《まこと》に始末に困るものだ。

第十八章

微《び》子《し》篇

一九三

隠遁者と孔子

孔子の一行が旅を続けている途中、長沮《ちょうそ》と桀溺《けつでき》という隠者に出会った。桀溺が子路《しろ》にいった。「お前は孔子の弟子か、世の中はもう乱れてどうしようもない。いっそ、お前たちも私どものように世を避けて隠棲したらどうだ」。その話を聞いた孔子がいった。「世を避けたところで鳥獣と群れをなして生きていくこともできまい。われわれは人間だから人とともに生きていくしかないじゃないか。いま天下に道がないからこそ、私はそれを変えようとしているのだ」。

第十九章

子《し》張《ちょう》篇

一九四

士たる者の四つの節義

士たる者はいかに危険があろうと命を懸けてそれと戦い、得るべき利益があってもそこに正義があるかを思い、祭祀をするときは敬意をもって誠実に行い、喪にあるときは哀悼の思いを強くする。これがあってこそ士である。

一九五

言い訳は見苦しい

心のできた人は、過《あやま》ちがあればすぐに改めるが、心のできていない人は改めるどころか、言い訳をしてそれをごまかし、自分も人も欺《あざむ》く。

一九六

三変する人物

立派な人というのは外から見て三つの変化がある。遠くからその容貌を見ると荘厳だが、近づいてみると温和で親しみやすい。しかし、その言葉は厳しく是々非々が一貫している。

一九七

信頼がすべて

民衆を使役するには、君主の政治が信頼されてこそできるものである。もし君主と民衆との間に信頼がなければ、民はその労役を虐待と思うだろう。主人に仕えるにも、自分が忠義を尽くし、主人からの信頼があれば、直言して諫《いさ》めることもできるが、そこに信頼がなければ諫言《かんげん》も謗《そし》りと受け取られてしまうだろう。

いずれにしても信頼こそ先にあるべきだ。

一九八

犯罪を取り締まるときに

猛氏《もうし》が陽膚《ようふ》を志師《しし》（司法官の長）に任命した。そこで陽膚が曾子《そうし》（孔子の高弟）に志師としての心得を聞いた。

曾子が答えた。「いまは上に立つ者が道を誤っているから、民衆は離散流浪せざるを得ない状態が続いている。民が法を犯すにはそれなりの理由があるからだ。だから罪を裁くにあたっては、事件を解明できただけで喜んではダメだ。罪を犯さざるを得なかった民衆の苦しみを哀れんでやる心がけが大事である」。

第二十章

堯《ぎょう》日《えつ》篇

一九九

五美と四悪

子張《しちょう》（孔子の弟子）が孔子に尋ねた。「政治家の資格とはどのようなものでしょうか」。孔子が答える。「五美を大切にし、四悪を排除すれば為政者として立派にやっていける」と。

＊重んずるべき五美とは

①恵み深いが浪費はしない。
②民を働かせても怨《うら》まれない。
③欲しても人から貪《むさぼ》らない。
④悠然として驕《おご》り高ぶらない。
⑤威厳はあるが荒々しさはない。

＊排除すべき四悪とは

①善悪を教えないで罪を裁くのは残酷である。
②いきなり成果を求めるのは無謀である。
③予告もしないで期限切れを告げるのは無慈悲である。
④与えるべきものを与えないのはケチである。

二〇〇

立派な生き方

天命を理解しないようでは君子とはいえない。徳性の表れである礼を理解しなければ自ら立つことはできない。言葉こそは意志の表れであるから、これを理解しないようでは人物を見極めることはできない。

編訳者紹介

岬　龍一郎（みさき　りゅういちろう）

1946年生まれ。作家・評論家。早稲田大学を経て、情報会社・出版社の役員を歴任。退職後、著述業のかたわら、人材育成のために「人間経営塾」を主宰。国家公務員・地方公務員幹部研修、大手企業研修などの講師を務め、「人の上に立つ者の人間学」を説いている。

著書に、『内村鑑三の「代表的日本人」を読む』（致知出版社）、『新・武士道』（講談社＋α新書）、『新渡戸稲造 美しき日本人』（ＫＫベストセラーズ）、『新渡戸稲造の人間道』『人生の師を見つけよう』（以上、ＰＨＰ研究所）、訳書に、『学問のすすめ』『[現代語抄訳] 論語』『[新訳] 一日一言』『武士道』（以上、ＰＨＰ研究所）など多数がある。

連絡先：東京都杉並区荻窪5－30－17－1301

本書は、書き下ろし作品です。

PHP文庫 ［超訳］論語 自分を磨く200の言葉

2009年6月17日 第1版第1刷
2010年9月9日 第1版第10刷

編訳者 岬 龍一郎
発行者 安藤 卓
発行所 株式会社PHP研究所
東京本部 〒102-8331 千代田区一番町21
文庫出版部 ☎03-3239-6259（編集）
普及一部 ☎03-3239-6233（販売）
京都本部 〒601-8411 京都市南区西九条北ノ内町11

PHP INTERFACE http://www.php.co.jp/

制作協力
組 版
株式会社PHPエディターズ・グループ

印刷所 共同印刷株式会社
製本所 株式会社大進堂

ISBN978-4-569-67267-0

社員心得帖

松下幸之助 著

厳しい企業環境のなか、いま社員の質が問われている。自らを高めるためになすべき事、考えるべき事とは？　体験豊かな著者が切々と説く。

定価五〇〇円
（本体四七六円）
税五％

PHP文庫好評既刊

経営心得帖

松下幸之助 著

年々激しく変化する経営環境のなかで、日々の経営、商売、ビジネスはどうあればよいのか？「経営の達人」が説く、経営の機微と真髄。

定価五〇〇円
（本体四七六円）
税五％

PHP文庫好評既刊

マザー・テレサ 愛の花束

身近な小さなことに誠実に、親切に

中井俊已 著

大切なのは、身近にある小さなことに、誠実に親切になること。マザーに学び、自分も誰かに愛を与えることができる勇気がわいてくる本。

定価五四〇円
（本体五一四円）
税五％